자음과
모음이
흙과 만나

김수엽 시조집

상상인 시선 *060*

자음과
모음이
흙과 만나

•본문 페이지에서 한 연이 첫 번째 행에서 시작될 때에는 〈 표기를 합니다.
•저자의 의도에 따라 작품의 보조 동사와 합성 명사는 띄어쓰기가 달라질 수 있습니다.

시인의 말

내게도
당신에게도
몸속에 숨이 산다

그 숨을
꺼내 읽고
맛보는 게 인생이다

엄마는
희망이었고
어머니는
늘 눈물이다

2025년 4월
김수엽

차례

1부
문장을 따라 밑줄 치며 걷는다

미안하지 않은 게 없어서 또 미안하고	19
누군가에게 집이다	20
뭐였을까 저 달을 가린 건	22
사과의 쓸모	23
장마가 쓴 일기	24
모과의 향이 흩날리는 풍경	25
입춘대길	26
불빛을 당기는 힘으로	28
다국적 오일장	29
기타	30
감자밭 읽기	31
염소는 초원을 기억하고 달린다	32
가장이라는 완벽한 습관	33
개미, 반복이다	34
자박자박 가로등 빛을 밟으며	35
도서관에서 햇빛 한 잔 문장 한 모금	36
맛있는 놀이터	37
석류꽃	38

2부
눈물이 아니었으면 상처가 무성해진

사랑, 보다	43
홍시 구독	44
사랑이 꿈틀꿈틀	45
시 한 편 필요할 때	46
받아쓰기	47
매미가 전송하는 사랑	48
그 봄은 어디서 사셨나요	49
때때로 없어지는 어처구니	50
배수의 하루	51
레몬 끌어안기	52
홍시의 사랑법	53
끈	54
내 숨소리를 꺼내 쓰다	55
강아지도 아는 봄	56
빵빵하게 배가 나왔으면	57
막, 생각하다	58
절정	59
하루하루	60
무서운 밤	61
상속받은 웃음	62
냉이꽃	63

3부
낯익은 바람들이 동행하며

버려진 의자	67
아파트가 동네에 이사 오다	68
아버지는 목수다	69
나무, 연출하다	70
그리움의 주인	71
신문읽기의 괴로움	72
지문을 풀어 쓴 자기소개서	73
망치론論	74
나무의 배역	75
하우스는 꽃들의 계절	76
생각을 견디면 아프다	77
일기예보	78
도시의 아이러니	79
때를 기억하는 봄	80
당겨져 주는 마음도 있지	81
노인병원을 끌어안은 봄	82
다독이며 꺼내는 골목	83

4부
또박또박 읽어온 그 이름을

어린 겨울을 품는 밤	87
일용하는 하루	88
가을 복숭아로 물든 마을	89
도대체	90
겨울 도감	91
햇빛포장도로	92
서쪽의 표정	93
봄이 앉아 있는 찻집	94
한 편의 가을 편지	95
빗물은 죄 없어	96
사과밭을 적는 중	97
바닷가 빵집	98
식사 시간 독해	99
아파트 쓰레기장에서	100
자해하는 남자	101
나무의 근황	102
감자 도서관	103
마을을 시청하는 새	104
장맛비 관람하다	105
아버지의 구두	106
설거지하는 시간	108
새의 언어사전	109

해설 _ 사랑의 기척들과 '숨'	111
전해수(문학평론가)	

1부

문장을 따라 밑줄 치며 걷는다

미안하지 않은 게 없어서 또 미안하고

죽이고 불로 지지고 잘라서 먹는 날에

웃음을 찢는 기쁨
목소리 높이는 술

바닥에 툭 던져지는 소주병은 자유다

배고픈 사람들은 씹는 맛을 찬양하고
배부른 사람들은 입 모양이 게으르고

시간은 붉은 얼굴로 맛을 익혀 내민다

술잔이 비틀거리고 눈빛이 지쳐가면서
미안해 나만 먹어서
채워진 몸을 세우고

발걸음 돌돌 굴려서 밤길을 당겨간다

누군가에게 집이다

태어난 곳 선명한 백색의 냉장고가
약간의 물음표로
숲속에 누워 있다

아직은
바람 소리로 호흡하며 견디는 중

적당한 음식 냄새 무색無色으로 흘러 흘러
개미 떼 쿵쿵거리며
길을 내며 들랑날랑

먼 나라
굶주린 아이들 겹쳐오는 내 눈 속

덜 여문 귀뚜리 울음 귀가하는 저녁 무렵
집 나온 집 하나가
누구에겐 안식처요

죽으면

쓰레기거나
집이거나 망각이네

뭐였을까 저 달을 가린 건

밤늦게 일 마치고 귀가하던 아버지가

구름 뒤에 숨어버린 달, 보름달을 가린 구름 그 순간 논두렁길에 넘어져서 부러진 팔

농사는 누가 짓냐는 엄마의 한숨 소리
티브이에서 가뭄이 이어진다는 말끝에
문자 속
고발 내용은 누구누구 지시였나

문자를 보낸 사람 받은 사람은 있는데
아내는 달과 구름을
난 아버지를 원망해

구름을
수사해야 할까 아니면 달, 또는 아버지

사과의 쓸모

가지에 주렁주렁 불 지핀 행성이다
지구의 한 귀퉁이
얼굴 살짝 내밀어
가을에
도착하는 맛 질문으로 흔든다

입속에 달콤하게 울려 퍼진 메아리
신나게 뛰노는 혀
사각사각 씹는 이
머물러
더 오래도록 이 사이에 끼는 맛

미각을 잊고 사는 다른 편 이웃집
닦달하는 입맛들을
한두 개 건네는 손
싸우는
비속어에도 사과 하나 필요한 때

장마가 쓴 일기

빗물이 물어뜯어 쓴 폐허를 펼쳐본다
아직도 끝맺지 못한
문장들이 둥둥 떠서
흉터를 기록하는 저 어수선한 필체들

위급한 신고 따위에 귀 어두운 고급 독자
팔짱을 끼고 서서
활자가 너무 작아
흐릿해 안 보인다며 흙탕물을 탓한다

햇볕이 페이지 넘겨 밑줄 쳐 보여줄 때
주소가 사라진 집
눈물로 수북한 길
땀 흘려
발굴하는 장면 읽어갈수록 비극이다

모과의 향이 흩날리는 풍경

저수지 내려 보는 언덕에 정착한 뒤
초록의 이파리와 노란 구멍 몇 개를
허공에 참 야무지게
조각해서 걸었다

중력은 자꾸자꾸 내려오라 말하는데
검은 반점 몇 음절과
신맛이며 떫은맛까지
조금만 더 기다리라며
흔들흔들 대답한다

시간을 가득 채워 떳떳한 하강의 순간
툭 하고 땅에 닿는
그 촉감에 깨진 향
때 되면
다 떠나는걸
금 간 몸으로
전한다

입춘대길

한겨울 보일러가 배고파서 고요하다
추위를 견디기 위해
공원 벤치에 앉아
노인은
잘 익은 볕을 골라 먹고 있었다

허리가 약간 굽은 그림자 끌고 와서
쪽방에 눕혀놓고
간신히 잠들면은
아홉 시
아나운서가 중얼중얼 깨운다

그 순간 잠깐 뜬 귀에
난방비가 또 올랐단다
몸속에 저장해둔 햇볕을 꺼내 덮고
넉넉한
한숨 소리만 꿀꺽꿀꺽 삼킨다

달빛에 성에가 끼어
차가운 소리가 난다

방바닥 찬 기운도 투덜투덜 뒤척이고
새벽녘
달력을 보니 봄 숫자가 안는다

불빛을 당기는 힘으로

마을은 들판에 박혀 고독하고 땡땡하다
전봇대에 매달린 길
산마루로 오르는 중
자꾸만 가기 싫다고 축 늘어져 게으르다

도시로 간 불빛들 어둠 익혀 먹고 산다
누룩 향에 취한 벽지
낙서들로 두런거리고
서로들 기름때 낀 손 악수로 씻어낸다

기계음 높아질 때 빵 부풀고 귀 닫힌다
온몸이 덜덜거리며
한 몸이 된 공장은
낮처럼 꺼지지 않는 불맛들로 꽉 찬다

저녁을 환하게 끓여내는 전봇대의 힘
기차도 자동차도 배부르게 사는 길에
앞면이 밝을 때마다
뒷면은 그림자다

다국적 오일장

머리 위 천막 사이로 햇볕이 켜져 있고
망고와 두리안이
지나는 사람들을
빛깔로
유혹하는데 쩝쩝 소리 무음이다

베트남 한 조각이 마땅히 옮겨 온 곳
나와 다른 얼굴
흥정하는 모습도
똑같다
물건값 치르는 한국은행 지폐도

허공을 떠다니는 서로 다른 언어들이
테너거나 소프라노
바리톤으로 섞여서
좁은 길
고슬고슬한 숨소리로 동행한다

기타

음표를 밟고 나온 날개 단 자막들을
입에서 우물우물
운율로 씹어가며

귀에다 단맛을 심는 손가락의 춤사위

길쭉한 소리 몇 개 흥얼흥얼 밭으로 가
아버지 등 누르는
에프 코드 형제들

팽팽한 여섯 줄 두렁 먹먹하게 솟는다

발바닥 굳은살로 언뜻언뜻 진맥해 온 땅
고랑에 고이는 건
악보를 적시는 땀

한 소절 끝날 때마다 워낭소리 멈춘다

감자밭 읽기

진열된 이랑들을 눈으로 훑어가면서
줄기와 누런 잎에
고인 둥근 옹알이
올봄도
감자꽃이 핀 도서관에 서 있다

포기와 포기 밑에는 제목이 숨어 있고
표지를 넘겨 보면
크고 작은 단어들
손가락 닿을 때마다 줄기째 나온 문장

한 단락 읽어가면
한 바구니 가득한

땀 흘려 꺼내 온 글 매끄럽게 만져질 때

오늘도
육신을 위한 내 하루의 맛이다

염소는 초원을 기억하고 달린다

언덕은 칼바람을 부추기는 사막으로
흰 먼지 앞장세우고
대들며 오는 설국에
아침을
챙겨입고 온 한 쌍의 숨 먹먹하다

바닥을 들출수록 더 단단한 바닥이 와
그 입술 얼게 만드는 허탕인 노동들을
나무는
다 벗은 채로 바람 불어 놀린다

발자국 길이 된 길 허탈을 걸쳐 입은 입
고장 난 저 들판에다 숨겨놓은 보물이여
돌아라
초록의 불씨 오 들려오는, 숨기척

가장이라는 완벽한 습관

허기진 몇 마리의 입 두런두런 앉는다
달빛이 돌아오기 전
입맛들이 먹어 치워
끼니가
쌓이는 만큼 들판은 늘 쪼들린다

잠 속의 지폐들이 큰 꿈을 껴입는다
아들은 잠꼬대로
노동을 재촉하고
창문엔
또 밝은 미소 힐긋힐긋 왔다 간다

하루가 뒤척일 때 살찌는 달이 온다
어둠을 걷어차고
깨어난 발걸음은
부라린
눈빛을 던져 먹잇감을 낚는다

개미, 반복이다

버려진 각질 하나 입에 문 가장의 몸
발걸음 재촉할 때 당당해진 숨소리에
오늘은
모든 식구가 운이 좋은 만찬이다

바쁜데 지푸라기 가로로 떡 버틴 길
끙끙대는 소리로 지구가 흔들거려도
오르고
또, 또 오른 후 마침내 넘어온 저녁

반복은 목적을 향해 동행하는 지름길
읽고 또 읽는 기억
쓰고 또 쓰는 인생
옳거니
심장도 쿵짝, 반복만이
사는 거라고

자박자박 가로등 빛을 밟으며

당신이 까만 밤을 소리 없이 씹어서
뱉어낸 가루들이 수북하게 쌓일수록
무서움 탈색되면서
길들이 맑아진다

커가는 내 몸뚱이 문밖에 둔 엄마는
밭일을 끝낸 뒤에 투명해진 그 일상
땅속에 체온을 심어
싹이 나고 꽃이 핀다

잠에다 넣어둔 걸음 꺼내서 보내온다
허공에 매달린 눈빛 응시하는 각도가
오로지 뚫어질 정도
집약된 거름이다

봄이다 외치며 핀 아지랑이 시든 밤
데워진 발자국들 무음으로 식어가고
장하다 나를 키워낸
단 하나의 파수꾼

도서관에서 햇빛 한 잔 문장 한 모금

문 열자 커피 향이 뛰어와 책을 고른다
여인이 낱말을 꺼내
한 모금 마시자마자
햇볕도 뒤꿈치 들고 와 촉촉이 스민다

단어가 날아다니며 책등에 새겨진다
제목이 서가 밖으로
고개를 빼꼼 내밀고
눈동자 문장을 따라 밑줄 치며 걷는다

때로는 코로 읽고 눈으로 느낀 그 맛
곱씹어 삼키는 동안
바닥이 드러난 찻잔
하루가 표지를 덮고 제자리에 꽂힌다

맛있는 놀이터

아침을 꺼내 온 아이 미끄럼틀 깔고서
제 몸을 떨어뜨리자 모래는 환호성을
나무는 벌떡 일어나
그늘을 펴 적신다

유리창 바깥으로 새어 나오는 눈빛들
묶음의 몸짓과 표정
살뜰히 챙기는 엄마
아이도 고개를 들어 눈높이를 맞춘다

관절이 삐걱댈수록 웃음은 흥건하다
어둠이 잠가버리자 고요가 호흡하고
시소의 한쪽 무게가
흙 속에 가라앉는다

번지를 쌓아 올린 똑같은 집의 시선과
불을 켜고 얼굴들이 식탁에 앉는 저녁
놀이가 조미료 되어 반찬 위에 얹힌다

석류꽃

사람을 만나기 위해 붉어진 얼굴입니다

가지와 가지 사이에 빛깔로 두근거리며

몸속에 신맛 단맛을

동그랗게 묶어 갑니다

아직은 입 다물고서 허공을 걷습니다

초여름 옹알이 채워

모양을 동여매는 중

마침내 동그라미에 근육이 찰 겁니다

자꾸만 새콤한 맛 내 몸에 쌓여갈 때

한입 덥석 깨물면 과즙이 툭 터져 와

읽어 온 한 편의 계절

우려낸 맛입니다

2부

눈물이 아니었으면 상처가 무성해진

사랑, 보다

어미 소 혀를 길게 빼 송아지를 핥는다

귀에 가 젖는 입김

그렁그렁한 눈망울

뻔하다

사랑한다는 말

안 들려도 보인다

홍시 구독

여름을 채워 넣고 때 되어 찾아온 얼굴

전화 울리는 소리

뛰어가 받아 보니

객지에

자식들 소식

애가 타서 붉었구나

사랑이 꿈틀꿈틀

남녀가 거들먹대며 골목을 걸어간다

웅덩이 뛰어넘다가

절퍼덕 빠진 순간

이봐요

할멈 잡시다

문틈으로 새 나온 목소리

시 한 편 필요할 때

당신 몸 너무 힘들어 쓰러져 죽을 지경에

천천히 가슴 따뜻한

시 한 편 읽어 봐라

그 순간

살겠다는 의지

폭죽처럼 터진다

받아쓰기

풀잎이 밤새워 달려오느라 돋은 땀

어쩜 여명을 만나

울컥해 흘린 눈물

아침을

꼭 알리겠다는

동글동글한 단어들

매미가 전송하는 사랑

당신은 울음으로 사랑을 고백한다

한 음절 한 단어씩

문장을 다 토한 후

근육을

닳고 녹인 후

칠 년 사랑 입는다

그 봄은 어디서 사셨나요

가다가 잠시 쉬는데 굳은살 생겼네요

낮잠에서 깨어나니

물컹물컹한 발음들

강물은

추위를 팔아

이 봄을 사들이네요

때때로 없어지는 어처구니

시조를 쓰고 있다가 갑갑해서 벗었다

시어를 과식해서

대머리가 되었고

모자 안

두런대는 땀들

자유시를 써보란다

백수의 하루

공항이 북적북적

긴 연휴가 부른다

외출을 수거하여 쌓아놓고 방콕이다

내 몸을 접었다 폈다

먹먹한 볕이

놀란다

레몬 끌어안기

허공을 던져주자 노랗게 우려낸다

눈빛을 잠갔을 때

비로소 만난 신맛

입 모양

오므리고 펴서

표정 하나 지어본다

홍시의 사랑법

햇볕에 푹 젖어서

물컹한 그대 몸에

할머니 잇몸으로 우물우물 쪽 **빨다**

고맙소

엉- 감 밋이 딱

양 입술을 다신다

끈

주인과 개 사이에 허공을 세워 놓고

걸음을 묶어둔 채

이름을 묻고 답한다

인연은

같은 공간에서 숨소리들의 대화다

내 숨소리를 꺼내 쓰다

불룩한 엄마의 배 그 속에서

싹이 난 숨

울면서 세상을 향해

외쳤던 이름 하나가

아들로

또 딸아이로

출퇴근을 기록한다

강아지도 아는 봄

제 몸에 쏟아진 햇볕
혓바닥으로 쓸어대며

눈빛이 글썽글썽 씩씩대며 툭툭 친다

왜 그래
물어봤더니

막 쳐들어온 불타는 봄

빵빵하게 배가 나왔으면

빗소리 퍼붓는 날에

질경질경 씹히는 땅

눈물이 아니었으면 상처가 무성해진

배고픈

가자 그 아이들

모든 흙이 빵 반죽이었으면

막, 생각하다

벚꽃을 훔치려는 발소리 북적인다

별별 것 다 탐내는

참 나쁜 저 눈빛들

떠난 뒤

어, 꽃은 그대로

내 판단은 늘 싸구려다

절정

난 지금 초록을 배설해야 할 그 절정

언덕에 뿌려진 볕
나무에 파고든 물

곳곳에

퍼질러놓은 꽃

사랑할 때만 오는 또 봄

하루하루

발걸음 발소리 듣고 안방에 들어오면

현관에서 뜬 눈으로

기다리던 발자국은

아침에

신발을 태우고

인력 시장으로

출근한다

무서운 밤

침 맞고 주사 맞고 한 주먹 약 먹어도

숙면을 야금야금

갉아먹는 어깨 통증

한평생

호미질로 산

우리 엄마 대드는 병病

상속받은 웃음

아가야

지금 내가

네 앞에서 웃는 웃음

내 엄마가 내 앞에
늘 웃던 웃음이란다

날마다
내 얼굴 비춘

우리 엄마 사랑의 등燈

냉이꽃

추위가 꺼져야만 흙에다 쓰는 편지

고개를 숙였을 때 관찰되는 숨소리

자꾸만

숙여야 보인다

발 곁에서 빛나는 겸손

3부

낯익은 바람들이 동행하며

버려진 의자

다리 하나 부러진 채 처박힌 너를 위해
나무 위 새 한 마리
추도사를 읽어가고
잎들은
몸을 흔들며 훌쩍이는 이 풍경

가을볕이 뻔뻔하게 엽록소를 빼 가는 날
내 삶의 긴 노동이
훔쳐 간 다리 골수
무릎은
시큰시큰해 멍청하게 걷는다

주인을 섬겨왔던
거룩한 뼈마디가
칼날처럼 찢어지고 구멍이 송송 뚫려
귀뚜리
울음을 숨긴 또 하나의 놀이터

아파트가 동네에 이사 오다

모래를 시멘트와 비벼 먹은 레미콘이
몸통을 빙빙 돌려
멀미가 나 토하면
비로소
솟아난 골격 높이 오를 가문이다

노동을 밟고 커간 유리창 네모마다
불빛을 가득 채운 부잣집 동네에서
봄꽃도
향기와 함께 집들이에 초대된다

허공을 타고 올라간 부러운 발소리
층층이 착륙한 곳
웃는 모습 넘쳐서
단층집
지붕 지붕에 시끄럽게 쌓이는 밤

높이에 짓눌려서 쪼그라진 집마다
어둠에 포장된 채
저항도 잊은 저녁
분주한
자동차 소리만 주는 대로 채운다

아버지는 목수다

나무는 집 한 채 제 몸에 키우며 산다
등뼈는 기둥으로
팔다리는 서까래
아버지 톱과 대패로 땅 위로 빼낸다

긴 세월 젊음을 허물면서 지어온 집
아들이 대들보로 커가길 기도해가며
닳아진 지문을 가져와
문패에 쓴 ㄱ 이름

번지가 늙어가고 걸음이 고장 나서
쥐고 온 손재주 숲속에 풀어놓고는
비석에 성호를 새기고
그 뒤편에서 쉬신다

나무, 연출하다

숲에서 나무들을 떼 내어 맛보는 날
노 젓는 소리가 나고 이파리 떨구며
모양이 빠져나오려 저릿저릿 흔든다

긴 세월 목표를 세워 나이테를 채우고
물 위를 건너려고 안달이 난 삿대들을
톱으로 잘라낸 다음 표정들을 빼낸다

온몸을 크기별로 찢어 놓는 손놀림이
숙성된 도면 위에
알맞게 조각을 해
하나는 기둥이 되고 나머지는 서까래

세상에 배 한 척, 집 한 채 남기는 삶
뒤따라 올라오는 싹
튼튼한 젊은이 근육
척추를 곧추세우며 뒤따라오는 세대여

그리움의 주인

나이 든 지붕에서 망초꽃 내려다본다
고요가 소란스럽게 잡초를 키우는 곳
명절에 아들과 딸을 기다리던 엄마 눈

앞에는 실개천이 허리를 굽혔다 펴고
뒤로는 댓잎 소리
살살, 울먹이던 곳
골목이 흙담을 따라 마을을 둘러본다

언뜻언뜻 낯익은 바람들이 동행하며
들꽃이 묵념하는 길
먹먹함을 읽어갈 때
저 멀리 봉분 하나가 걸음을 부른다

신문읽기의 괴로움

펑계가 득실거리는 활자를 꺼내 읽는다

표정을 바꿔 입고
시치미 꿀꺽 삼킨

검찰청 반듯한 벽에 금이 가는 소리다

분노한 알코올이 배 속에 출렁거리고
곁들인 소 살코기
춤을 추는 만찬에
숨죽여 시중을 드는 특활비가 있단다

수치를 따져 물어도 맞지 않는 권력들
털어도 먼지 하나 나오지 않는다면서

해병대 상병의 이름

국화 뒤에 시든다

지문을 풀어 쓴 자기소개서

자음과 모음이 흙과 만나 사랑하면
싹이라는 한 음절로
세상에 태어나는 것
책 속에
입주하면서 단어들로 자란다

각각을 소리로 읽고
뜻이 씹히고 맛나면
문장이 쭉 뻗어가 페이지로 분가되어
외치며
걸어왔던 길 박음질로 써간다

이력서 행간마다 끼어든 노동의 땀
흘림체로 써 내려간
내 소개서 골목마다
발자국
손 지문들이 한 편의 글로 산다

망치론論

몸속에 무거움을 꽉 채워 집을 나선다

벽면에 상처 낼수록
불꽃이 튀는 삶이다

든든한 근육 뭉치가 아프다고 외친다

흉터가 자라나는 악몽에 익숙한 손이
배고픔 참기 위해 더 세게 내리칠 때
허공에 퍼지는 소리 가락으로 울린다

또 하루 벗겨낸 시간 분신을 챙기면서
지독한 땀 냄새가 늙어서 까칠해지고
차가운 손잡이 하나 놓지 못한 아버지

나무의 배역

하루를 삼킨 어둠 무대 위 취침 중이다
잎에 올라탄 바람
별빛에 톡톡 튀고
나무는 배가 고픈 듯 고요함을 먹는다

언젠가 껍질조차 내 한 끼 밥이었고
솔방울 불꽃에 안겨
고구마가 익던 밤이
내 입에
기억으로 와 서럽게도 툭툭 친다

숲을 뒤적거리는 넉살 좋은 아침햇살
검정 옷 벗어던지고
똑똑하게 탈출한 난
가지에
부지런한 봄 초록 초롱 눈뜬다

하우스는 꽃들의 계절

딸기꽃 피우기 위해 봄날을 빌려 온 곳
꿀벌들 윙윙 탄성들
찌릿찌릿 톡톡 치면
이파리 큰소리로 대답 눈을 뜨는 꽃이다

친구의 두런거리는 소리가 따뜻해질 때
살짝살짝 붉어진 몸 땅 위로 돌돌 말아
나야 나 둥글둥글하게 왔노라 외쳐댄다

겨울을 지워가면서 쑥쑥 내민 빛깔들로
향기도 창작하는 칭찬할 만한 버릇이다
체온은 뜨겁지도 않고
차지도 않은 오아시스

생각을 견디면 아프다

나무는 제 뿌리가 싫어서 허공에 선다
한때는 땅속을 껴안고 산 대가족의 삶
족보는 흩어진 문자
직장 따라 떠난다

줄기는 이파리를 내밀어서 존재하는데
가을을 견디다가
슬픔만 앙상하다
땅속에 꼭꼭 잠겨서 뒤틀린 인생이다

어둡고 습한 곳에 자리 잡은 아버지도

고층에 살겠다는 소망으로 커졌던 삶

유언이 이명처럼 와 출근을 재촉한다

일기예보

네가 오기로 한 날 봄을 챙겨 마중한다
동행한 시커먼 구름
물중으로 내민다
당신은 오지 않았고 뉴스만 끈적거린다

뭔가를 기다리는 건 미움 반 그리움 반
어린 날 시계꽃 반지
채워 준 그 여자아이
의사는 진맥을 통해 늙었다고 처방한다

빗나간 언어들이 두런대며 땀 흐를 때
정수리에 소나기를
바가지로 쏟아준다
하루도 변덕이 심해 발걸음이 투덜댄다

도시의 아이러니

큰길은 허리춤에 골목 몇 개 거느리고
불빛에 몸을 씻으며
직선으로 쭉 걷는다
구르는 소란한 언어 밟아서 깨져 있다

하늘이 하루 한 번 토하는 까만 시간
눈 속에 쳐들어온 네온 불 살결 냄새
낯선 밤 홍청거리며 건물들도 취한다

골목에 숨어 들어간 담뱃불은 별이다
발소리 갈팡질팡
수면을 낭비하며
비명도 명곡이 되어 비틀비틀 걷는다

아침이 굴러다니며 어젯밤을 들춰낸다
쓰레기가 활보하는 길바닥 호통치면은
썩은 내 둥둥 떠올라 변명처럼 남는다

때를 기억하는 봄

네가 온 순간부터 겨울을 망각한다
손가락 펴지면서 꽃잎도 문을 열고
초록이 가득한 허공
빛깔들로 비빈다

찔려도 피 나지 않는 부푸는 이파리에
침묵을 오므린 채
보는 곳이 꽃병이다
아침을 알맞게 채워 다독다독 읽는다

태양이 조금은 길게 설명하는 낮이다

햇볕이 두꺼워지고 내 몸 가벼워지는

저 나비 봄이 되어서 꿈을 켜 입는다

당겨져 주는 마음도 있지

어제를 주장하던 말 견고한 배설이다
비속어로 씩씩거려
겨우 꺼낸 내 언어
약속은 똥과 같아서 버려도 되는 것

집들이 병원을 향해
신작로로 새 나온다
간판의 불 오지 말라 깜박이는 동안에
좀처럼 여름의 체온
꺼지지 않는 오늘날

통증은 근육을 부숴 신음을 생산한다
의사는 배가 고프다
나라는 배가 아프다
이쪽이 힘껏 당기면 저쪽은 더 당긴다

기름진 영혼 속에는 모든 꽃도 시든다
놓아도 안 되지만
팽팽해도 안 되는
사랑은 잡았던 줄을 시나브로 놓는 것

노인병원을 끌어안은 봄

씨앗이 젖어야만 두 쪽으로 부화하는
흙은 진통 중이고
허공이 마중할 때
비로소 초록의 떡잎 태어나는 기쁨을

뿌리를 툭툭 치는 지렁이의 기척도
줄기에 가지 뻗고 이파리 조각하는
나비 떼 쿵쿵거리며
관람하는 그런 날에

어머니 머리에다 한 송이 꽂아준 빛
병실 문 열자마자
와락 껴안는 눈빛
체온이 썰렁해지고 울컥하는 눈동자

주변에 침대들도 덩달아 들썩이는데
방안에 외국말이
두런두런 거닐고
사람들 웃음이 핀다
시들지 않는 꽃이다

다독이며 꺼내는 골목

굴착기 큰소리가 골목을 들어 올리자
조그만 발자국들 우르르 몰려 나와서
내 신발 맞춰보자고
발밑으로 펴진다

건강한 유리구슬 반짝임도 건져 내고
곰삭은 막걸리 냄새
입고 나온 아버지
밤길을 함께 다니던 휘파람도 꺼낸다

순이와 연애한다는 흙담의 철수 낙서
가물가물 돋아나는 두 친구의 수줍음
그 표정 전깃줄 따라
내게로 와 켜진다

파헤쳐진 유물들이 까맣게 수북하고
길이 부어오르고 걸음이 새로워질 때
차선이 번쩍거리면 지구 한쪽 상처다

4부

또박또박 읽어온 그 이름을

어린 겨울을 품는 밤

여백이 춥다고 해서 아궁이에 지핀 불
연기가 기어올라
산맥을 잘라 오면
솥 안의 가득한 물이 부글부글 싸운다

술 취한 아버지가 밥상을 집어던지자
텃밭에 고사리와
콩나물이 자라고
벽에서 가족사진이 썰렁하게 돌아선다

솜이불 뒤집어쓴 나와 동생 울음소리가
방안의 눈치를 살펴
도망가는 들녘에는
엄마만 불러대던 입, 눈동자 아려온다

일용하는 하루

사람을 향해간 길 모두가 지름길이다
서랍에 넣어둔 편지
발효되는 저녁 시간
애인은 봉투를 닫고 여름밤을 재운다

출근은 짜증이다, 목에 건 그 말투가
공장에 도착해서 기계음 된 한 세상
퇴근이 흥얼거리며
과속으로 당도한다

적지만 달콤한 월급 암기하는 순간들
입에서 거대한 숨
곱씹는 하루의 맛
서쪽에 노을의 체온 전염되어 흐른다

가을 복숭아로 물든 마을

가지가 빈집들을 우르르 띄워놓아
전셋집 월세방을 전전하던 부부는
그곳에
몸 구겨 넣고 바람으로 견딘다

삐딱한 대문들을 햇볕에 내 말리며
발자국 밟힐수록 껍질을 벗는 기억
저녁이
허공을 삼켜 침묵으로 까매진다

능선이 긴 손 뻗어 붙잡은 이 동네
고요가 퍼지면서 불빛도 시드는 밤
한 줌의 사람 소리가
잠을 챙겨 저문다

골목을 건너야만 저 멀리 보이는 길
자꾸만 오른 집값 내뱉는 뉴스 보도
녹이 슨
젊은이의 눈빛 아침이 와 닦아준다

도대체

십이월 삼 일에 왕이라고 외치는 사람
무장한 그림자들 유리창을 뚫고 넘어와
평온한 밤하늘에다
총부리를 적신다

나비가 내 손을 잡고 황톳길 걷자 한다
개미가 날아와서 내 두 발을 끌고 간다
저수지 늙은 돌멩이 헤엄치며 호소한다

잠에서 깬 아이들이 벌벌 떨며 품에 안겨
울다가 주먹을 쥐고
촛불을 들고 나선다
세상을 때리는 함성 별무리도 눈뜬다

움켜쥔 한 줌의 힘 스스로 내놓는 날
날 것은 날아다니고
걷는 것 걸을 그날
비겁한
우두머리 음성 쓰레기통에 담긴다

겨울 도감

추위가 부풀어 올라 발목이 깊어진 곳에
모든 길 포장해 둔 저 도화지를 뜯어 먹고

아침이
질척거리며 발걸음에 대든다

나무가 죽은 척하며 숨 쉬는 저 떨림에
새 떼가 맨발로 녹여 떨어뜨린 물방울들

이 땅을
씻어보겠다 두근두근 걷는다

허공을 통과해 온 언 것들 빠져나가고
다음에 또 다음에 무덥다는 소문 하나

견디면
향기가 되는 바삭함을 낳는다

햇빛포장도로

햇볕을 잎에 묻혀
엽록소로 써낸 글
문장을 읽어가며 쉼표로 걷고 있을 때

제목은 비포장도로 길쭉하고 희뿌옇다

요철이 심한 바닥 소리가 떠들어대며
자꾸만 신발을 잡고
죽은 물이 질척이고

추억을
끈적끈적하게 적시면서 토한다

땅속에 숨죽인 흙이
가뭄에 먼지로 사는
발걸음 빠져나간 발자국 따라가면
길 끝에
매달린 마을
흐릿하게 뛰어온다

서쪽의 표정

눈감고 꿈을 갈기자 아침이 태어난다
양수가 계곡에 고여
숲으로 번식하는 중
어둠이 접어둔 산맥 툭툭 털어 펼친다

나무도 눈을 뜨고 새 발바닥 체온들이
한 편의 짧은 봄들을
가지마다 올려놓으면
초록이 허공을 찢고 내리쬐는 빛깔들

서쪽에 서성거리다 둥지에 든 노을이
왔거나 잠긴다고 서럽게 흥얼대지 마
이토록 꽉 찬 하루도
깜깜하게 식는 법

봄이 앉아 있는 찻집

바닥이 깊을수록 커피 향도 두껍다
바닥 위 또 바닥에
발을 담근 오리 떼
언덕에
세워진 길이 아파트로 숨는다

가로수가 내려와서 몸을 씻는 오후다

공중에 눈빛을 모아

여기저기 풀어준 꽃

지그시

감았던 눈에 봄 날씨가 놀고 간다

한 편의 가을 편지

들판은 밥 냄새로 가득 찬 한편의 글

겸손으로 숙인 단어 밑동이 잘리면서

음절로 각각 떨어져 큰 포대에 담긴다

손발로 써 내려간 문장을 읽다 보면

밥맛을 저장하며 누렇게 익은 소문들

끼니는 밥솥 찾아가 몸을 삭혀 안긴다

천성이 씹히고 싶은 단순한 삶의 방식

내 배가 무덤이고 뱃살로 불룩한 흔적

글자가 지워진 곳은 다 주고도 빛난다

빗물은 죄 없어

제 몸을 채찍질하며 살아온 세 모녀가
방 가득 물이 차서 숨소리를 잃었다네
누구도
원망함 없이 하늘로 간 이름 셋

천성이 낮은 곳에 흘러가는 진리일 뿐
생명을 탐하거나
목숨을 허물거나
의도가
전혀 없었기에 그 빗물은 죄 없어

주검이 건져진 방 창틈으로 내려 보며
서초동도 잠겼다는 한 가문의 우두머리
말마다
위로는커녕 눈물로 차는 반지하

* 2022년 8월 서울 관악구 신림동 폭우 현장 뉴스 시청 후.

사과밭을 적는 중

아침이 벌떡 일어나 주렁주렁 글을 쓴다
좀 게으른 갈색 잎이 행간마다 끼어 있고
가지에 둥글게 쓴 낱말
옹알이로 흔든다

가을볕이 차곡차곡 단맛을 주사(注射) 하면
껍질은 곡선을 감아 단단하게 동여매고
단어는 붉은 글씨체
문장으로 빛난다

한 삶을 벗어던진 근육이 씹히는 뜻
입속에서 우물우물 천천히 읽어가면
서러운 신맛 하나가
나를 키운 한 편의 생(生)

바닷가 빵집

모래를 밟는 소리, 뱉어낸 하품들이
물 위를 떠다니다가
기웃하며 닿은 그곳
바게트 기둥 세우고 막 태어난 빵집이다

솔숲에 끼어 앉아 서쪽 하늘 읽다 보면
헐렁해진 식욕에서
치근대는 입맛들로
문 열고 뛰어든 순간 감탄사로 오는 향

바다를 포장한 채 휴식을 취하는 어둠
숙성된 물소리가
반죽을 치대더니
아침을 둥글게 켜고 빵 냄새로 철썩인다

식사 시간 독해

모든 음식에는 사각사각 소리가 산다
때로는 쩝쩝 기억이 튀어나와 떠돈다
아이는
맛 속에 담긴 웃는 모양도 꺼낸다

아니다 찡그리는 눈짓도 잘 찾는다
맵거나 비린내가 온몸을 비틀어대고
눈물도
찔끔거리며 저녁밥을 우물거린다

고소한 참기름을 껴입은 밥알들이
침으로 깨지면서 퍼지는 식사 시간
아이는
졸음을 챙겨
꾸벅꾸벅 시늉한다

아파트 쓰레기장에서

출신도 다 다르고 생김새도 달라요

못난이 모이는 곳
냄새가 모이는 곳

반면에 당신들의 집 깔끔해서 좋지요

나 죽어 쓰레기로 버려지길 연습한다

기억도 남김없이 지워진 그 이름으로

따라온 빛나는 걸음 흔적 없이 가야지

자해하는 남자

아침마다 출근을 위해 내 목에 칼을 댄다
하루 전 사람 틈에서 치열하게 성장한 털
피 대신
제 몸 내준
참 고맙고 슬픈 은인恩人

빳빳한 하얀 셔츠 그 위에 또 목 졸라
살려달라 컥컥대며 붉어지는 내 얼굴
서둘러
싸움 무대로
전송되는 몸뚱이

바쁘게 행간 없이 숙성하면 저녁이다
오늘도 내 귓속에 드나들었던 말소리
목 턱에
까칠하게 돋아
내 목숨을 지키는 밤

나무의 근황

나무가 베어지자 그늘이 도망가고
몸에서 흘러나온 살점들 수북하고
바람은
부음을 들고
이곳저곳 전한다

낮달은 조등(弔燈) 되고 등걸은 상주가 된
단정한 검은 옷에
조문하는 개미 떼
이별은
더 볼 수 없는
참 지독한 그리움

들꽃은 끄덕끄덕 향을 피워 추모하고
좌석 잃은 꿀벌들
허공만 빙빙 돌며
내 머리
땡볕이 내려 아우성인 땀방울

감자 도서관

진열된 이랑 위로 싹을 틔운 책들이
초록색 표지와 제목
하지쯤에 출간할 글
봄볕을
먹어가면서 밤낮으로 읽는다

둥근 글씨체로 음절을 연결해가면
주렁주렁 맺힌 단어
식감 좋은 단락이고
손놀림 켜켜이 익어 누런 잎 실한 줄기

페이지에 담긴 내용
소쿠리에 가득 담아
가슴에 안고 오는 밑줄 친 의미들이
귀갓길
풍성한 시간 즐거움이 쌓인다

마을을 시청하는 새

아침은 가지 끝에 눈꽃으로 걸터앉고
길옆 작은 웅덩이 흰 뼈들 숨긴 뒤에
몸속은 입김을 빼내
허공을 검색한다

겨울이 출발한 지 한참 후 헐렁해진 숲
오후가 미끌미끌 어둑어둑 채워지면서
두 날개 자유를 날려
하루 일을 잠근다

마을로 들어선 순간
노인의 기침 냄새들
연기로 느릿느릿 산맥을 기어오르고
추위로 포장된 집집 텅 비어 가볍다

장맛비 관람하다

하늘이 투정 부리며 창작한 문장들이
단어로 뚝뚝 끊어 굳은 땅 축축한 음
길 위에
황토 빛깔로 평평하게 써간다

온종일 허공을 때린 소리의 묶음들이
울퉁불퉁 이 세상
종이처럼 편 채로
올라탄 모든 쓰레기 비속어로 읽는다

여름마다 마주치는 요란한 독서시간
위험한 글 범람할 때
뜬눈으로 밑줄 친 손길
동쪽에
충혈된 아침 위로하며 켜진다

아버지의 구두

도시로 가고 싶다는 새 구두 한 켤레
신발장에 섬겨온 아버지 내 아버지는
맨발로 모내기를 하며
흙탕물만 신는다

신발은 내 온몸을 지상에 띄우는 숨
흙냄새 한편이 되어
들판을 누벼오던 발
적당히 절룩이면서 닳아지는 걸음들

삶이란 질척이는 땅을 밟고 오는 것
아니면 울퉁불퉁한 돌부리 넘어가려
두 발을 들어 올릴 때
울다가도 웃는 것

기꺼이 텃밭처럼 가까이 곁에 두고
마음이 또박또박 읽어온 그 이름을

날마다 문 여닫을 때

반짝반짝 품는다

설거지하는 시간

밥 먹고 지저분한 낱말들을 세척한다
개수대 물소리에
깜짝 놀란 그릇들
깨끗한 단어를 챙겨 뽀득뽀득 씨간다

몇 개의 자음과 모음 앞치마 뚫고 와
속살에 마침표를 촉촉하게 찍는 동안
손길이 다녀간 곳은 투명하게 읽힌다

지워진 몸에서 돋은 이름은 차이나다
물기가 마르는 내내
경계를 허무는 세상
내 눈은 흔하디흔한 증거들을 읽는다

새의 언어사전

숲에서 새어 나오는 규칙적인 그 소리
외롭다는 형용사로
이파리가 출렁인다
구겨져 밟히는 것들 흩어져서 춤단다

둘 서로 주고받는 웃음이든 울음이든
아마도 꿀맛처럼
고백하는 명사고
흙 위에 써놓은 떡잎 사랑이라 외친다

따갑게 귀 툭 치는 소란한 목소리들
행복한 사람들이
뛰놀던 동사라서
허공에 진열된 노래 그림으로 읽는다

◈ 해 설

사랑의 기척들과 '숨'

전해수(문학평론가)

    김수엽 시인은 지난 2023년 가을호 『시조시학』의 특집 글(『자전적 시론』 참조)에서 "가난한 시대에 아들 여덟을 낳고 키운 어머니"를 "삶의 유산"으로 언급한 바 있다. 또한, 시인은 "엄마의 따듯한 숨과 정직 그리고 성실한 생활" 태도를 그대로 물려받은 것이 상당 부분 자신의 삶과 시세계를 형성해 왔노라 고백하고 있다. 두 번째 시집 『등으로는 안을 수 없다』를 통해서 "빛나는 숨소리"[1]를 각별하게 주목받은 것도 시인의 마음속 내밀한 자리에 엄마의 '숨'이 있었기 때문일 것이다. 그의 시세계에서 '엄마'는 김수엽 시조를 발아發芽하게 한, 시적 영감의

---

[1] 유성호, 「기원과 궁극을 사유하는 "빛나는 숨소리"」(김수엽 시조집 해설), 『등으로는 안을 수 없다』 상상인, 2022. 참조.

일번지라 할 수 있다.

  이번 시집에서는 '엄마'와 '어머니'가 구분되면서, 김수엽 시조가 표현하고자 한, '사랑의 기척들'이 더욱 정교해진다. 이른바 세 번째 시집『자음과 모음이 흙과 만나』에는 근원적 '숨소리'에서 한 발짝 더 나아가 '숨기척'(「염소는 초원을 기억하고 달린다」에서)이라는 말로도 재현될 만한, 김수엽 시조의 '사랑의 기척들'이 눈시울을 적시는 시편들로 재탄생하고 있다. 이것은 시인이 시조를 쓸 수밖에 없었던 혹은 마침내는 쓰게 된 시의 씨앗이 '엄마'의 사랑 때문이며, 엄마의 숨소리가 변함없이 김수엽 시조의 바탕을 이루고 있기 때문임을 다시금 확인하게 한다. 김수엽 시인의 시조는 엄마의 탯줄을 연상하게 하는 '생명'의 '기척들'이 '사랑'으로 확인되고 있다.

  주지하듯 김수엽 시인은 1992년 「겨울강」이 중앙 시조 연말 장원에 당선되어 시조의 길로 들어선 이후, 향촌문학회, 역류, 율격 동인으로 활동하였고, 최근에는 전북시조시인협회를 창립하여 전북 지역의 시조 발전을 위해 앞장서며 헌신해 왔다. 그러나 이와 달리 시인은 30여 년간 두 권의 시집만 상재했을 뿐이니, 시인의 염결성은 타의 추종을 불허한다. 김수엽 시인은 등단 18년 만에 첫 시집『상쇠, 서울가다』(2006)를 펴내고, 다시 16년이 흐른 뒤에서야 두 번째 시집『등으로는 안을 수 없다』(2022)를 간행한 바 있다. 무릇 옛말에도 있듯 강산이 바뀌는 10년을 세 번이나 건너며 두 권의 시집을 발간한 것이니, 이토록 시집 발간이 저조한 것은 믿기지 않을 만큼 과작寡作의 시인이 바로 김수엽 시인인 것을 드러낸다. 그러므로 오히려 이번 시집이 3년 만에 세상에 나온다는 사실은 주목된다.

이번에 발간하는 세 번째 시집『자음과 모음이 흙과 만나』(2025)는 김수엽 시조가 드디어 "역전逆轉의 시조"[2]로서의 일점一點을 찍고, 도움닫기를 하고 있음을 엿볼 수 있다. 김수엽 시인은 이번 시집을 통해 그의 삶과 시조의 토대가 된 '어머니'의 눈물과 '엄마'의 희망 외에도(주지하듯 시인의 호명 방식은 어머니와 엄마를 다르게 인식한다) 삶을 뒤척이게 한 아버지에 대한 인식이 특히 눈길을 끌면서, '집'이야말로 사랑의 본적지이자 '숨'소리를 각별하게 인식하게 한 주요한 거처임을 확인한다. 진정 "시 한 편이 필요할 때"(「시 한 편이 필요할 때」 참조)를 시인은 '집'의 기척들을 통해 그 사랑을 기억해 낸다. 그것은 김수엽의 시가 다시금 깨어나는 지점이 가난한 사랑의 기척들에 있음을 엿보게 하면서 이러한 사랑의 기

---

[2] 졸고, 「역전(逆轉)의 시조-김수엽 시조의 현재성과 대중성」, 『시조시학』(2023년 가을호), 고요아침, 2023. 참조.

척들로 가득한 그의 시조가 움튼 생명성을 비춘다. 요컨대 이번 시집 『자음과 모음이 흙과 만나』는 시인이 지금껏 시조를 통해 시인 자신과 독자를 만나려 한, 사랑의 한 방식을 넌지시 펼쳐 보이며, 반평생을 안아 온 가난한 사랑이 김수엽 시조에 내정된 과거 시간을 천천히 걸어 나와 마침내, 우리 앞에 결코, 가난하지 않은 사랑의 기척들로 당도하고 있음을 보여준다.

>불룩한 엄마의 배 그 속에서
>
>싹이 난 숨
>
>울면서 세상을 향해
>
>외쳤던 이름 하나가
>
>아들로
>
>또 딸아이로
>
>출퇴근을 기록한다
>
>　　　　　　　-「내 숨소리를 꺼내 쓰다」 전문

위 시 「내 숨소리를 꺼내 쓰다」에서도 알 수 있듯이

김수엽 시인에게 '숨'소리는 생명을 낳고 기르는 삶의 원초적인 일과도 연관된다. 생명이 탄생하는 첫 순간은 숨소리로 확인된다. "불룩한 엄마의 배 그 속에서/싹이 난 숨"은 내가 "울면서 세상을 향해/외쳤던" "내 숨소리"에 다름 아니다. 그러므로 위 시「내 숨소리를 꺼내 쓰다」는 김수엽의 이번 시집이 내정하고 있는 지향점이자 김수엽 시조의 궁극적 방향성을 잘 드러내고 있다. 그것은 바로 '사랑'의 기척들로 소환되는 '숨'에 대한 기억이다.

밤늦게 일 마치고 귀가하던 아버지가

구름 뒤에 숨어버린 달, 보름달을 가린 구름 그 순간 논두렁길에 넘어져서 부러진 팔

농사는 누가 짓냐는 엄마의 한숨 소리
티브이에서 가뭄이 이어진다는 말끝에
문자 속
고발 내용은 누구누구 지시였나

문자를 보낸 사람 받은 사람은 있는데
아내는 달과 구름을
난 아버지를 원망해

〈

구름을

수사해야 할까 아니면 달, 또는 아버지

  -「뭐였을까 저 달을 가린 건」 전문

 "엄마의 한숨 소리"가 "숨"의 근원에서 배태한 또 다른 "숨"이라는 사실은 강조하지 않아도 알 수 있을 것이다. "한숨 소리"에는 "원망"이 묻어 있다. 위 시는 김수엽 시인이 기억하는 "아버지"와 "엄마"가 함께 소환된다. 어린 시절, 기억의 한 조각에는 아버지가 논두렁에서 넘어져 팔이 부러진 채 귀가하고, 이런 아버지를 보며 "농사는 누가 짓냐" 한숨짓는 엄마가 있다. 농촌의 궁핍한 삶은 충분히 앓아누울 시간도, 아픈 아버지를 간호할 마음의 여력도 허락하지 않아서, 몸을 다친다는 것은 농사짓는 일손이 더는 일을 하지 못한다는 절박한 사실과도 같다. 이것은 낭패감을 의미한다. 원인은 무엇이었을까. 아버지가 넘어진 이유는, 밤늦은 귀갓길에 구름이 가린 달빛을 의지하지 못했고, 시야가 흐려졌으며, 논두렁 길을 헛디뎌, 기어코 팔이 부러지고 만 것. 그렇다면 달빛이 원인인가. 가장이 몸을 다쳤지만, 어디에도 호소할 길이 없음은, 어머니에게는 또 다른 열패감으로 다가온다.

 그런데 이보다 더욱 걱정스러운 일은 "가뭄"으로 지시

된 사태(자연재해)이다. "티브이에서 가뭄이 이어진다는 말끝에" 가뭄의 두려움이 위태롭게 문자로 수신되고, "엄마"는 부주의한 아버지를 탓하지도 못하는 현실(자연재해)에 대해, 그저 "구름"과 "달"을 원망할 뿐이지만 시적 화자(아들)는 여전히 믿음직스럽지 못하고 부주의不注意한 아버지를 탓하며, 엄마를 힘들게 한 아버지를 원망한다.

위 시는 유년의 기억에 아로새겨진 시인의 가족사와 '집'을 둘러싼 가난한 유년의 이야기가 아버지와의 갈등을 중심으로 펼쳐졌는데, 가난한 상황이 우연히 발생한 사고로 인해 더욱 깊은 마음의 상처가 된 사연을 구름, 달, 아버지에 대한 생각으로 전조되고 있다.

당신이 까만 밤을 소리 없이 씹어서
뱉어낸 가루들이 수북하게 쌓일수록
무서움 탈색되면서
길들이 맑아진다

커가는 내 몸뚱이 문밖에 둔 엄마는
밭일을 끝낸 뒤에 투명해진 그 일상
땅속에 체온을 심어
싹이 나고 꽃이 핀다
〈

잠에다 넣어둔 걸음 꺼내서 보내온다

　　허공에 매달린 눈빛 응시하는 각도가

　　오로지 뚫어질 정도

　　집약된 거름이다

　　봄이다 외치며 핀 아지랑이 시든 밤

　　데워진 발자국들 무음으로 식어가고

　　장하다 나를 키워낸

　　단 하나의 파수꾼

　　　　　　　　-「자박자박 가로등 빛을 밟으며」 전문

　그런데 김수엽 시인이 유년의 "까만 밤"을 맑게 걷어낸 것은 "데워진 발자국"으로 인식한(긍정적인) 대상이 있기 때문이다. 당연하지만, 그 대상은 엄마다. 시인은 이번 시집을 펴내는 소회를 담은 「시인의 말」에서 "엄마는 희망이었고/어머니는 늘 눈물이"라 명시하며, 엄마와 어머니를 동일하지 않은 대상으로 구분 짓는다. 즉, 위 시에 등장하는 "엄마"는 어린 시절 시인의 마음을 키워준 "희망"의 엄마일 가능성이 높다. 구체적으로 "커가는 내 몸뚱이 문밖에 둔 엄마"는 "나를 키워낸/단 하나의 파수꾼"이자 나의 어둠을 가로등으로 밝혀준, 즉 나의 성장을 도운 "집약된 거름"인 엄마인 것이다. 화자는 시제에서 밝히고 있듯이, "자박자박 가로등 빛을 밟으며" 도달한 엄마의 숨기척을 기억하기에, 김수엽 시인에게 있어 "엄마"는, '사랑의 기척'을 하염없이 보내주는 단 하나의 "파수꾼"에 다름 아니다. 시인의 시적 화두는 이번 시집에서도 여전히 '엄마'가 중심이라 할 수 있다.

    아가야

    지금 내가

    네 앞에서 웃는 웃음

    내 엄마가 내 앞에
    늘 웃던 웃음이란다

    날마다
    내 얼굴 비춘

    우리 엄마 사랑의 등燈

                       - 「상속받은 웃음」 전문

그러므로 김수엽 시인이 엄마에게서 받은 소중한 유

산은 짐작하듯 '생명'에의 가없는 희망과 '생명성'을 담보하는 숨소리다. 여덟 중 일곱 번째 아들이었던 김수엽 시인은 엄마의 따듯한 숨소리로 성장기를 거쳐 그날의 아버지처럼 가장이 된다. 위 시에서 "지금 내가" 호명하고 있는 "아가"는 나의 아들이다. "네 앞에서 웃는 웃음"이 "내 엄마가 내 앞에/늘 웃던 웃음이란" 사실은 "상속받은 웃음"의 가치를 일깨워준다. 사랑으로 자란 아이(나)는 다시 사랑으로 아이(아들)를 키운다. 그것은 절대로 가난하지 않은 상속, "사랑의 등燈"이 활짝 밝힐 위대한 사랑의 기적이다.

  씨앗이 젖어야만 두 쪽으로 부화하는
  흙은 진통 중이고
  허공이 마중할 때
  비로소 초록의 떡잎 태어나는 기쁨을

  뿌리를 툭툭 치는 지렁이의 기척도
  줄기에 가지 뻗고 이파리 조각하는
  나비 떼 쿵쿵거리며
  관람하는 그런 날에

  어머니 머리에다 한 송이 꽂아준 빛

    병실 문 열자마자

    와락 껴안는 눈빛

    체온이 썰렁해지고 울컥하는 눈동자

    주변에 침대들도 덩달아 들썩이는데

    방안에 외국말이

    두런두런 거닐고

    사람들 웃음이 핀다

    시들지 않는 꽃이다

-「노인병원을 끌어안은 봄」 전문

  위 시는 김수엽의 시에서 엄마가 아닌 "어머니"가 등장하는 시이다. 앞서 주목한 바처럼 김수엽 시인은 엄마와 어머니를 구분하여 인식하고 있는데, 앞서「시인의 말」에서 그는 "희망"을 읽은 "엄마"에 비해 "눈물"인 "어머니"를 재차 호명한 바 있다.

  위 시는 병상에 누운 늙고 아픈 "어머니"를 안타깝게 응시한다. 그러나 이러한 아픈 응시도 김수엽의 시에는 희망의 생명성이 깃든다. 마치 "부화하는/흙은 진통 중이고/허공이 마중할 때/비로소 초록의 떡잎 태어나는 기쁨"도 "노인병원을 끌어안은 봄"의 기척을 엿본 시인의 마음에 다다라 있다. 더구나 "주변에 침대들"도 덩달아 웃음으로 들썩이는 것은 주변이 "시들지 않는 꽃"으로 피어난 "웃음"을 통해 슬픔을 극복하고 있으며, 어머니는 우리 모두의 어머니로 환하게 전이되어 꽃핀다. 위 시는 슬픔이 잔잔한 기쁨으로 옮겨오며, 슬픈 마음이 따듯한 위로를 향하고 있는 시이다.

몸속에 무거움을 꽉 채워 집을 나선다

벽면에 상처 낼수록
불꽃이 튀는 삶이다

든든한 근육 뭉치가 아프다고 외친다

흉터가 자라나는 악몽에 익숙한 손이
배고픔 참기 위해 더 세게 내리칠 때
허공에 퍼지는 소리 가락으로 울린다

또 하루 벗겨낸 시간 분신을 챙기면서
지독한 땀 냄새가 늙어서 까칠해지고
차가운 손잡이 하나 놓지 못한 아버지

-「망치론論」 전문

이번 시집에서 어머니만큼 연민의 대상으로 부각된 대상은 "아버지"라 할 수 있다. 그러나 어머니와 달리 "아버지"는 연민의 대상이면서도 원망의 대상인 것이다. 그런 것 같다. 김수엽 시인이 아버지를 다시금 주시한 것은 자신의 삶이 아버지를 닮은 삶을 향하고 있기 때문이 아닐지. 아버지에 투영된 자신의 모습은 가장의 삶을 살아가는 또 다른 아버지를 비추고 있다.

위의 시 「망치론」은 망치가 생계의 주요한 부속품이듯 목수로서 연상되는 아버지의 삶이 "허공에 퍼지는 (망치의) 소리 가락"으로 울린다. 목수가 아니더라도, 목수처럼 망치의 "차가운 손잡이 하나 놓지 못한" 삶이 그들의 처연한 시선으로 목도된다. "지독한 땀 냄새"와 "까칠해"진 손과 "흉터가 자라나는" 손이 "벽면에 상처"를 낼수록 "몸속에 무거움"이 가득 차서 되돌아오는 "집". 아버지는 "또 하루 벗겨낸 시간"을 망치와 함께 늙어가고 있다. 아버지라는 '가장'의 삶이, 바로 그러한 삶이지 않은가.

> 허기진 몇 마리의 입 두런두런 앉는다
> 달빛이 돌아오기 전
> 입맛들이 먹어 치워
> 끼니가

쌓이는 만큼 들판은 늘 쪼들린다

　　잠 속의 지폐들이 큰 꿈을 꺼입는다
　　아들은 잠꼬대로
　　노동을 재촉하고
　　창문엔
　　또 밝은 미소 힐긋힐긋 왔다 간다

　　하루가 뒤척일 때 살찌는 달이 온다
　　어둠을 걷어차고
　　깨어난 발걸음은
　　부라린
　　눈빛을 던져 먹잇감을 낚는다

　　　　　　　　-「가장이라는 완벽한 습관」 전문

　주지하듯 원망으로 점철된 아버지의 일은, 이제 화자의 일이, 되었다. "가장"이라는 무게는 "아버지"와 다르지 않은 나의 책무를 깨닫게 한다.

　위 시에서 "허기진 몇 마리의 입"은 자식을 말한다. "입맛들이 먹어 치워/끼니가/쌓이는 만큼 들판은 늘 쪼들"리니, "가장"은 오늘도 바쁘게 집을 나서야 한다. 가장이 "어둠을 걷어차고" 나선 발걸음은 "먹잇감을 낚"는 사냥

터의 야수를 닮았다. "가장이라는 습관"이 오늘도 하루의 노동을 재촉한다.

   시 「개미, 반복이다」에도 이와 같이 반복되는 가장의 의무와 고단한 일상이 "개미"로 오버랩되어 나타난다. 억눌린 삶의 과정과 지난한 삶에 노정된 인생의 무게가 "숨"소리로 표출되어 드러난다. "버려진 각질 하나 입에 문 가장의 몸/발걸음 재촉할 때 당당해진 숨소리"는 개미의 반복된 노동으로 식구들에게 이어질 만찬을 기대하고 예감하게 한다. 이처럼 가장이 어렵사리 삶의 고투로 먹잇감을 찾아 버텨온 길이 "지구가 흔들"릴 만큼의 무거움으로 오르고 오른 후 넘어온 시간이라면, "목수"처럼 "개미"처럼 일을 반복하며 세대를 거슬러 온 이 길은, 아버지와 나 즉 "가장"이 감당해야 할 책무인 것이다.

     언덕은 칼바람을 부추기는 사막으로

     흰 먼지 앞장세우고

     대들며 오는 설국에

     아침을

     챙겨입고 온 한 쌍의 숨 먹먹하다

     바닥을 들출수록 더 단단한 바닥이 와

     그 입술 얼게 만드는 허탕인 노동들을

나무는

다 벗은 채로 바람 불어 놀린다

발자국 길이 된 길 허탈을 걸쳐 입은 입

고장 난 저 들판에다 숨겨놓은 보물이여

돋아라

초록의 불씨 오 들려오는, 숨기척

-「염소는 초원을 기억하고 달린다」전문

  그런데 김수엽의 이번 시집에 자주 등장하는 "나무"는 아버지를 표상하면서, 또 다른 아버지(아들을 포함한 아버지로 살아갈 세상의 모든 아버지)의 모습을 드러낸다. 그것은 목수가 감당해야 할 "노동들"과 목수의 나무처럼, 진정 "다 벗은 채로 바람이 불어 눌린" 세월을 답보한다. 그러나 시인의 태도는 긍정적이다. 이 "나무는/다 벗은 채로 바람"에 뒤척여도 "초록의 불씨"가 오는 "숨기척"을 귀 기울여 듣고 있다.

나무는 제 뿌리가 싫어서 허공에 선다

한때는 땅속을 껴안고 산 대가족의 삶

족보는 흩어진 문자

직장 따라 떠난다

〈
줄기는 이파리를 내밀어서 존재하는데

가을을 견디다가

슬픔만 앙상하다

땅속에 꼭꼭 잠겨서 뒤틀린 인생이다

어둡고 습한 곳에 자리 잡은 아버지도

고층에 살겠다는 소망으로 커졌던 삶

유언이 이명처럼 와 출근을 재촉한다
-「생각을 견디면 아프다」 전문

  아들에게 하얀 와이셔츠를 입고 출근하는 면서기가 되기를 바란 부모의 삶은 "땅속을 껴안고 산 대가족의 삶"을 버티게 한다. 나무의 "뿌리"와 허공에 도달한 "줄기"는 "가을을 견디다가/슬픔만 앙상하"여도, "어둡고 습한 곳에 자리 잡은 아버지"가 소망으로 품었던 "삶"을 결코 놓지 않는다. "유언이 이명처럼 와" 아들은 마침내 와이셔츠를 입고 오늘도 "출근을 재촉"하는 것이다. 이처럼 "나무"는 아버지에서 유래하는 김수엽 시조의 시적 상관물로써, 아버지의 일과 사랑의 방식을 표출한다.

어미 소 혀를 길게 빼 송아지를 핥는다

귀에 가 젖는 입김

그렁그렁한 눈망울

뻔하다

사랑한다는 말

안 들려도 보인다

-「사랑, 보다」전문

 사랑의 기척이 김수엽 시조의 앞과 뒤를 장악하고 있다! 김수엽 시인은 이 사랑이 듣는 것이 아니라, 보는 것이라 힘주어 말한다. 그는 "사랑한다는 말/안 들려도 보인다"는 것이다.
 그것은 "어미 소"가 "송아지를 핥"는 모습으로 보인다. "송아지"에 가닿은 입김과 눈망울로 보인다. 사랑은 말하는 것이 아니라, 마침내는 보는 것이다.

난 지금 초록을 배설해야 할 그 절정
〈

언덕에 뿌려진 볕

나무에 파고든 물

곳곳에

퍼질러놓은 꽃

사랑할 때만 오는 또 봄

-「절정」 전문

 김수엽 시인이 기다리는 "봄"은 긴 겨울이 지나야 도래한다. 겨울의 절정을 지나 다가오는 봄처럼, 사랑도 한 겨울을 지나 그렇게 온다. 그렇다. "초록을 배설해야 할 그 절정"을 통해 사랑의 관능적 이미지가 동시에 펼쳐진 위 시는 자연의 절정을 사랑의 카타르시스(절정)로 되읽고 있다.

주인과 개 사이에 허공을 세워 놓고

걸음을 묶어둔 채

이름을 묻고 답한다
〈

인연은

  같은 공간에서 숨소리들의 대화다
                              - 「끈」 전문

 김수엽 시인에게 새로 창조된 생명성은 "인연"이라는 "끈"으로 관통한, "같은 공간"의 "숨소리"로써 재발견된다. 시인이 열망한 그간의 "숨소리"가 위 시 「끈」에 이르러 도저한 허공에 닿았다. 그것이 "인연"이다. 위 시에 드러난, "주인과 개 사이에 허공을 세워 놓고" "이름을 묻고 답"하는 방식의 것, "인연"은 이렇게 "같은 공간"에서 오고 가는 생명 있는 "숨소리들의 대화"란 것. 아름답고 처연한 사랑의 이름, 인연.
 이처럼 인연의 '숨'소리를 엿듣는 것이, 김수엽 시조가 만나는 '사랑의 기척'이 오는 길목에서, 아름답게 꽃피고 있다.

상상인 시선 060

자음과
모음이
흙과 만나

지은이 김수열
초판인쇄 2025년 4월 23일 **초판발행** 2025년 4월 29일
펴낸곳 도서출판 상상인 **편집주간** 황정산 **펴낸이** 진혜진
표지디자인 최혜원 **기획·마케팅** 전은빈 최유림 노혜림 정현수
책임교정 종이시계 **편집** 세종PNP
등록번호 제572-96-00959호 **등록일자** 2019년 6월 25일
주소 06621 서울시 서초구 서초대로74길 29, 904호
전화번호 02-747-1367, 010-7371-1871
팩스 02-747-1877 **전자우편** ssaangin@hanmail.net

ISBN 979-11-93093-89-4 (03810)

값 12,000원

* 이 책은 서울특별시, 서울문화재단의 지원을 받아 제작되었습니다.

* 이 책은 전부 또는 일부 내용을 재사용하려면 반드시 저작권자와 도서출판 상상인의 동의를 받아야 합니다.

* 이 도서의 국립중앙도서관 출판시도서목록(CIP)은 서지정보유통지원시스템 홈페이지(http://seoji.nl.go.kr)와 국가자료공동목록시스템(http://www.nl.go.kr/kolisnet)에서 이용하실 수 있습니다.